BEI GRIN MACHT SICH IHR
WISSEN BEZAHLT

AF136324

- Wir veröffentlichen Ihre Hausarbeit,
  Bachelor- und Masterarbeit

- Ihr eigenes eBook und Buch -
  weltweit in allen wichtigen Shops

- Verdienen Sie an jedem Verkauf

Jetzt bei www.GRIN.com hochladen
und kostenlos publizieren

Beispielhaftes Projektmanagement. Überregionale Anwerbung von Masterstudent*innen für den Studiengang Erziehungs- und Bildungswissenschaften an der Universität Bremen

GRIN :)

Bibliografische Information der Deutschen Nationalbibliothek:

Die Deutsche Nationalbibliothek verzeichnet diese Publikation in der Deutschen Nationalbibliografie; detaillierte bibliografische Daten sind im Internet über http://dnb.d-nb.de abrufbar.

ISBN: 9783346326300
Dieses Buch ist auch als E-Book erhältlich.

© GRIN Publishing GmbH
Nymphenburger Straße 86
80636 München

Alle Rechte vorbehalten

Druck und Bindung: Books on Demand GmbH, Norderstedt Germany
Gedruckt auf säurefreiem Papier aus verantwortungsvollen Quellen

Das vorliegende Werk wurde sorgfältig erarbeitet. Dennoch übernehmen Autoren und Verlag für die Richtigkeit von Angaben, Hinweisen, Links und Ratschlägen sowie eventuelle Druckfehler keine Haftung.

Das Buch bei GRIN: https://www.grin.com/document/957897

1. Projekteinleitung

Das hier im Folgenden beschriebene Projekt trägt den Namen „Überregionale Anwerbung von Masterstudent*innen für den Studiengang Erziehungs- und Bildungswissenschaften an der Universität Bremen". Der betreffende Masterstudiengang Erziehungs- und Bildungswissenschaften wird in der fortlaufenden Arbeit mit MA EBW abgekürzt.

Der Titel des Projekts lässt bereits Einblicke des zentralen Inhalts des Projekts zu. Ziel ist es, mit Hilfe des Projekts neue Student*innen für den MA EBW zum Wintersemester 2019 an die Universität Bremen anzuwerben.

Das Projekt begründet sich mit einem deutlichen Rückgang der Zahlen von Bewerber*innen des o.g. Studiengangs an der Universität Bremen innerhalb der letzten Jahre. Genaue Zahlen der Evaluation liegen nicht vor, sind jedoch über die Universität Bremen einzusehen.

Es ist vorgesehen, den Rückgang der Bewerberzahlen zu verringern, zu vermeiden oder sogar zunehmende Zahlen zu verzeichnen.

Folgen eines weiteren Abfalls an Bewerber*innen werden mit unmittelbarer Wirkung die Rückzahlungen von (Förder-)Geldern sein, welche zur Finanzierung des Studiengangs dienen und möglicherweise zu einem Auslauf des MA-Studiengangs führen könnten. Ein konkretes Ergebnis des Projekts wird die überregionale Erreichung potentieller Masterstudent*innen sein, welche durch eine verbesserte Internetpräsenz der Universität Bremen zu erzielen ist.

Zusätzlich wird, durch Kooperationen mit regional umliegenden Universitäten und Hochschulen, das Angebot an Lehrveranstaltungen erweitert und durch diverse Gastvorträge inhaltlich lukrativer gestaltet und weitergefasst. Durch diesen Projektbestandteil wird die Bekanntheit sowie die Attraktivität des Studiengangs gesteigert und ein offenes, frei wählbares, ortsungebundenes Studium ermöglicht.

Für die notwendige Definierung eines Projekts muss dieses von anderen Formen der Aufgabenerledigungen abgegrenzt werden. Als ausschlaggebendes Kriterium für die Nutzung des Begriffs „Projekt" ist der Einmaligkeitscharakter. Die Erläuterung dessen findet sich innerhalb der DIN 69901-5 (DIN, 2009c) wieder. Diese Norm beinhaltet Grundlagen, Prozesse, Prozessmodelle, Methoden, Daten, Datenmodelle und Begriffe des Projektmanagements. Dabei behandelt die DIN 69901-5

[1]

Begrifflichkeiten des Projektmanagementsystems. Dies beinhaltet die Aufstellung eines Pflichtenheftes, welches dem Auftragnehmer konkretisiert, in welcher Form er beabsichtigt die Anforderungen des Auftraggebers umzusetzen. Hierbei sind Informationen wie z. B. Zielvorgabe, zeitliche, finanzielle, personelle oder andere Begrenzungen und eine projektspezifische Organisation wichtige Bestandteile.

In Bezug auf das Projekt „Überregionale Anwerbung von Masterstudent*innen für den Studiengang Erziehungs- und Bildungswissenschaften an der Universität Bremen" werden die genannten Kriterien zur Definierung benötigt, um sich als Projekt auszuweisen, was voraussetzt, dass diese auch erfüllt werden. Der Einmaligkeitscharakter des vorliegenden Projekts ist gegeben, ebenso wie die Zusammenarbeit eines Projektteams. Hervorzuheben ist die spezielle Projektorganisation, welche durch die Abgrenzung zu anderen Projektaufgaben die Leitung eines solchen Projekts übernimmt. Dieses Kriterium trifft in diesem vorliegenden Fall der Projektplanung noch nicht zu, wäre aber ein bedeutendes Element innerhalb der praktischen Durchführung.

In den folgenden acht Punkten wird das Projekt in seinen Einzelheiten, welche aufgrund des vorgegebenen Umfangs nicht bis ins Detail geplant und beschrieben werden können, dargestellt und erläutert. Es wird u.a. anhand unterschiedlicher Grafiken, Tabellen und Schaubildern verdeutlicht, welche Schritte das Team des Projekts innerhalb der Planungsphase vollzogen haben, welche Gedanken, Ideen und Strukturen grundlegend zur Fertigstellung beitragen, sowie zur geplanten Zielerreichung führen werden.

2. META-Teamanalyse

Mit der META-Teamanalyse kann ein Team sowohl Stärken, als auch Schwächen ihrer eigenen Arbeitsgruppe ermitteln und mit Hilfe dieser ggf. ausgleichen. Die Analyse dient dem Einschätzen der eigenen Teamstärke. Dabei stehen die vier Buchstaben der **META**-Teamanalyse für die jeweiligen Attribute **M**acher, **E**ntwickler, **T**eamer und **A**nalytiker.

Nach Möglichkeit sollte ein Team mit allen unterschiedlichen Eigenschaften vertreten und somit ausgeglichen sein. Ist dies nicht der Fall, kann durch die Analyse ermittelt werden, wo die möglichen Schwächen eines Teams liegen. Wichtig ist zu erwähnen, dass es sich bei der META-Teamanalyse nicht um einen Persönlichkeitstest einzelner Teammitglieder handelt. Es wird lediglich versucht, gewisse persönliche Tendenzen sichtbar zu machen, um ein möglichst optimales Ergebnis des Projekts zu erreichen.

Laut der selbst durchlaufenen META-Teamanalyse wird mir das Profil der Macher*in zugeschrieben. Diese Eigenschaftsanteile haben sich innerhalb des Teams, ausgehend von den erreichten Punkten aller Teammitglieder, abgehoben. Als Macher*in werden Persönlichkeiten beschrieben, welche oftmals und gerne die Initiative ergreifen und auch als *dominant* beschrieben werden können. Im Fokus dieser proaktiven Persönlichkeit liegt oftmals der Fortschritt des gesamten Teams sowie das Übernehmen von Verantwortung. Ergebnis- und Zielorientierung gehören zu den wichtigsten Aufgaben einer Macher*in. Als unpassend, aus Sicht der Macher*in, werden Demotivation und/oder langsames arbeiten betrachtet.

Aktives und effizientes Vorankommen innerhalb der jeweiligen Arbeitsschritte bilden hier den Hauptbestandteil dieser Rolle. Unabhängig der Darstellung dieses Analyse-Profils, einhergehend mit den typisierten Zuschreibungen, kann ich mich damit identifizieren und diese als für mich zutreffend bestätigen, sowohl innerhalb der geleisteten Teamarbeit im Projekt selbst, als auch in Bezug auf die vorliegende Ausarbeitung.

Dieses Analyseergebnis kann u.a. auf meine bisherigen beruflichen Qualifikationen im Bereich der Sozialen Arbeit als Leitung verschiedener Jugendhilfeeinrichtungen (Intensiv-pädagogisch-/therapeutische Kleinsteinrichtung / Clearinggruppe für unbegleitete minderjährige Ausländer) bezogen werden.

Aufgrund der beruflichen Praxiserfahrungen kann deutlich gemacht werden, dass für ein erfolgreiches Projekt durch eine produktive und gute Zusammenarbeit der Teammitglieder auf Augenhöhe, welche nahezu frei von persönlichen Befindlichkeiten innerhalb ihrer Aufgaben tätig sein sollten, ein gutes Arbeitsklima unabdingbar ist. Verlässlichkeit stellt hier ebenfalls eine der wichtigsten Eigenschaft dar, welche meinerseits innerhalb des Projekts vorgelebt wurden. Diese Eigenschaft soll das Team motivieren, um gemeinsam zu einem guten Projektergebnis zu gelangen. Hilfsbereitschaft sowie ein gewisses Maß an Empathie sind ebenfalls förderliche Komponenten, welche durch mindestens ein Teammitglied im Auge behalten werden sollten. Diese Eigenschaften konnten innerhalb des Temas durch alle Teammitglieder vertreten werden. Ein weiterer wichtiger Aspekt ist die Motivation, die aus meiner Sicht (im Optimalfall) bei jedem Teammitglied vorhanden sein sollte. Ist dies nicht der Fall, liegt es am übrigen Team oder der Macher*in, dieses wahrzunehmen und mit der betreffenden Person zu kommunizieren, um Störfaktoren zu beseitigen. Spannungen im Team können und sollten hier unmittelbar angesprochen werden, um Missverständnisse zu vermeiden und nachhaltig für ein gutes Teamklima zu sorgen. Das Anleiten und Moderieren konnte innerhalb der Gruppe, je nach persönlichen Stärken und Kenntnissen der Teammitglieder, im stetigen Wechsel übernommen werden. Inhaltlich war es mir möglich, mich zu beteiligen, Diskussionen produktiv zu fördern oder ggf. zu entzerren, wenn der eigentliche Fokus aus dem Blick geraten schien. Für Klarheit und Struktur innerhalb der jeweiligen Arbeitsschritte zu sorgen, stand jedoch primär im Fokus innerhalb meiner Rolle der Macher*in des Teams. Die Wirkung einer möglichen Dominanz ist hierbei nicht auszuschließen, kann aber reflektiert und mit den Teammitgliedern besprochen werden.

Die zweite persönliche Tendenz innerhalb des Teams ergab sich mit Hilfe der Meta-Teamanalyse, als die der Teamer*in. Zugeschriebene Eigenschaften, welche für eine Gruppenarbeit von hoher Bedeutung sind, ist primär die Voraussetzung, gerne mit Menschen in einem Team arbeiten zu wollen sowie die damit einhergehende Kompromissbereitschaft. Diese wurden durch mich innerhalb der Rolle der Teamer*in klar vertreten. Auf die Bedeutung eines guten Arbeitsklimas wurde bereits im oberen Abschnitt hingewiesen. Das Vermeiden von Diskussionen und Auseinandersetzungen stellt ebenfalls einen Aspekt dieses META-Profils dar,

[4]

welcher jedoch im Folgenden genauer betrachtet wird.

Die Vermeidung von Auseinandersetzungen trotz vorhandenem Fingerspitzengefühl für sein Gegenüber, die Kommunikation, die Deutung von Gestik, Mimik und Körpersprache, wird mit den genannten Eigenschaften meiner Ansicht nach als nicht sinnvoll erachtet. Themenspezifische Diskussionen können durchaus hilfreich sein im sozialen Miteinander und den Prozess positiv beeinflussen sowie neue Lösungs- und Arbeitswege hervorbringen. Ich habe mich auf die moderaten Inhalte sowie einen reibungslosen Arbeitsprozess konzentriert und mich innerhalb der Rolle der Macher*in wiedergefunden.

Problembewältigung sowie Konfliktlösungsstrategien werden meinerseits innerhalb des Projekts individuell erfahren und angewendet. Eine gute Teamarbeit kann auch dann erfolgen, wenn sich die Teammitglieder kaum bis gar nicht kennen, zumindest jedoch den gleichen oder einen ähnlichen Anspruch an das Arbeitsergebnis haben. Die Bereitschaft, das Team und die Arbeit mit persönlichen Energien und Ressourcen zu bereichern, sollte in diesem Fall nahezu ausgeglichen sein. Für das erarbeitete Projekt kann dies nur bestätigt werden. Auf einen respektvollen Umgang sollte dennoch zu jeder Zeit geachtet werden, welcher innerhalb der unterschiedlichen Arbeitsphasen in unserem Team gegeben war. Das Erarbeiten des Projekts kann mit einer angenehmen und demokratischen Arbeitsatmosphäre beschrieben werden, wobei allen Teammitglieder gleiches Recht zugutekam. Es hat sich eine meist hohe Zufriedenheit wiedergefunden, welche sich zumeist durch die Motivation der Teammitglieder dargestellt hat.

Aufgrund der Tatsache, dass alle Teammitglieder Masterstudent*innen des Studiengangs EBW sind und sich innerhalb eines sozialen Berufssektors bewegen, sollte im Großen und Ganzen davon ausgegangen werden, dass übliche soziale sowie ethische Werte eine Grundvoraussetzung darstellen, welche sich innerhalb dieses Projekts dauerhaft wiedergefunden haben.

Das Projektteam war zu jeder Zeit zuversichtlich, mit der geleisteten Arbeit, welche als Problemlösung vorausgegangener sinkender Zahlen an Bewerber*innen des Masterstudiengangs EBW dienen soll, einen brauchbaren, effizienten und erfolgsversprechenden Beitrag an der Universität Bremen zu leisten, sowie zusätzlich als Prädikat für die verbesserte Präsenz des o.g. Studiengangs zu fungieren.

3. Projektstreckbrief

Der Projektsteckbrief (auch Projektauftrag genannt) soll dem Auftraggeber eine möglichst grobe aber auch detaillierte Übersicht über das geplante Projekt geben. Der Steckbrief umfasst eine inhaltliche Dimension, welche beschreibt, was erreicht werden soll, sowie eine Projektmanagement Dimension, welche die ungefähre Vorgangsweise beschreibt.

Wie bereits in der Einleitung erwähnt, lautet der Titel des Projekts die „Überregionale Anwerbung von Masterstudent*innen für den Studiengang Erziehungs- und Bildungswissenschaften an der Universität Bremen".

Die Anfrage des Projekts erfolgt durch den Auftraggeber .

Das Projektteam besteht aus vier Masterstudent*innen der Universität Bremen des Studiengangs EBW.

Die Begründung des Projekts kann ebenfalls in der Einleitung nachgelesen werden und wird aufgrund dessen im Folgenden nur kurz inhaltlich angeschnitten.

Die Projektidee basiert auf den stetig sinkenden Zahlen der angehenden Masterstudent*innen im Studiengang EBW in Bremen. Der Nutzen bezieht sich in erster Linie auf die Aufrechterhaltung des MA-Studiengangs, aber auch auf die Vermeidung von Rückzahlungen, der für die Universität Bremen bewilligten Gelder. Aufgrund eines erheblichen Rückgangs der Anzahl von Bewerber*innen und demnach auch von Studierenden, können Bund und Länder bewilligte Gelder zurückfordern. Dies erschwert die professionelle Ausrichtung des Fachbereichs zusätzlich und kann mit dem Auslaufen des Studiengangs einhergehen.

Die Zielformulierungen der Projektergebnisse beinhalten mehrere Aspekte. Zum einen gehört das überregionale Erreichen der potentiellen Masterstudent*innen zu den Hauptzielen. Dies soll vor allem durch eine verbesserte Bewerbung des Studiengangs geschehen, aber auch durch die optimierte Informationsbeschaffung für die Student*innen über die Internetseite der Universität Bremens. Dies bedeutet, dass der Internetauftritt an die Verhaltensweisen potentieller Student*innen angepasst werden soll. Diese Aufgabe kann und wird nicht innerhalb des Teams umgesetzt, sondern mit Hilfe von Outsourcing an einen externen IT-Fachmann in Auftrag gegeben. Zum anderen sollen Kooperationen mit den Universitäten in Oldenburg und

[6]

Osnabrück das Lehrveranstaltungsangebot erweitern und somit den MA-Studiengang in seiner Professionalität steigern. Inhalt dieser Strategie ist es, an den o.g. Universitäten erbrachte Leistungen vereinfachter als zuvor an der Universität Bremen anerkannt bekommen zu lassen. Ebenso sollen belegte Seminare und Vorlesungen an der Universität Bremen Student*innen der anderen Universitäten vereinfachter angerechnet werden können. Zusätzlich zu dieser Kooperation sollen Professor*innen und Dozent*innen der Universität Bremen durch Gastvorträge an auswärtigen Universitäten den MA-Studiengang EBW bei anwesenden Bachelorstudent*innen bewerben.

Durch die drei genannten Hauptarbeitspakete des Projekts sollen nach Möglichkeit die Bekanntheit sowie die Attraktivität des Studiengangs EBW's insgesamt steigern. Der zeitliche Rahmen des Projekts ist auf etwas mehr als zehn Monate ausgelegt. Dabei ist das vorangegangene Start Up, auch bekannt als die Initialisierungs- und Planungsphase, innerhalb der letzten Oktoberwoche 2018, mit dem Beginn des Seminars Projekt- und Qualitätsmanagement gestartet. Die Realisierungsphase hat im November 2018 mit Ende des Seminars begonnen und endet nach Plan mit dem Ende der Anmeldefrist für das Wintersemester 2019/2020 (15. Juli 2019).

Mögliche Risiken bei einer Durchführung des Projekts sind die nicht exakt zu kalkulierenden Kosten sowie mangelndes Interesse potentieller Student*innen und Partneruniversitäten. Zudem besteht die Möglichkeit, dass sich Terminüberschneidungen von Veranstaltungen ergeben, welche einen reibungslosen Ablauf des geplanten Projekts erschweren würden.

4. Stakeholder-Analyse

Der Begriff der Stakeholder kommt aus dem englischen und bezeichnet bei einer etymologischen Betrachtung eine Person die etwas auf dem Spiel stehen hat bzw. ein Interesse an einer bestimmten Sache hat (vgl. Skrzipek, 2005). Laut Janisch wird dieser Begriff im deutschsprachigen Raum genutzt um Anspruchsgruppen bspw. an einem Projekt, strategisch einzuordnen. Stakeholder meinen in diesem Sinne bezogen auf ein Projekt, den Überblick der Unterstützung, mit welcher ein Projekt steht und fällt (vgl. Janisch, 1993). Grundlegend handelt es sich um die Beziehung zwischen einem Projekt und Individuen bzw. Gruppen, welche auf unterschiedliche Weise mit diesem in Verbindung stehen, ob eine direkte oder indirekte Beteiligung vorhanden ist und in wie weit eine gegenseitige Einflussnahme möglich ist.

Es sollen hierbei auch mögliche Gefahren- und Kooperationspotentiale der verschiedenen Anspruchsgruppen mit Hinblick auf die Strategien eines Projekts erkannt werden (vgl. Tiemeyer, 2005).

Bei den zu berücksichtigenden Anspruchsgruppen sollte der Blick mitunter auch auf das potentielle Umfeld außerhalb des Projekts gerichtet werden, um einen großen Radius abzudecken und so viel wie möglich im Blick zu haben.

Einer der wichtigsten Stakeholder ist das Projektteam selbst, welches ebenso gut (im Folgenden erklärt) eingeschätzt werden muss.

Von enormer Bedeutung sind bspw. Unternehmen, in welchen das Projekt durchgeführt wird, welche mittelbar oder unmittelbar durch mögliche finanzielle Bestimmungen oder politische Hierarchiespiele betroffen sind und somit das Projekt ggf. erschweren oder scheitern lassen, im Gegenzug jedoch auch einen positiven Einfluss auf den Verlauf des Projekts haben könnten.

Eine professionelle Stakeholder-Analyse macht demnach mögliche Projektgegner, genannt Opponenten, sowie mögliche Projektunterstützer, genannt Promotoren, sichtbar. Alle beteiligten Stakeholder sind über den gesamten Projektzyklus informiert und involviert und stellen oftmals nach erfolgreichem Abschluss des Projekts Nutzer oder mittelbar Betroffene des Projekts dar.

5. Zielsystem

An dieser Stelle der Projektplanung soll sich näher mit dem Auftrag beschäftigt werden, um die kommenden Schritte detailliert angehen zu können. Das Zielsystem soll eine sowohl optische, als auch inhaltlich klare Untergliederung der einzelnen Ziele des jeweiligen Schrittes darstellen. Unterteilt wird in Nutzen, Zweck, Ergebnisziele und Indikatoren.

Im Projektmanagement wird laut der Norm DIN69901-5 (2009) unter dem Projektziel nicht nur das endgültige Ergebnis des Projekts verstanden. Vielmehr setzt sich ein Projektziel aus der Gesamtheit der Einzelziele zusammen, die durch das Projekt erreicht werden sollen. Die Zieldefinitionen richten sich dabei nach der qualitativen und quantitativen Ausrichtung des Projektinhalts und den Realisierungsbedingungen. Das Projektziel selbst ist es, den betroffenen Interessengruppen von Nutzen zu sein. Die Projektzielsetzung hat die Funktion, die vereinbarten Endresultate im vorgeschriebenen zeitlichen und finanziellen Rahmen, innerhalb verträglicher Risikoparameter, zu regeln. Dabei stehen die Deliverables, also die im Regelfall greifbaren Produkte die eindeutig identifizierbar und notwendig für den Abschluss des Projekts sind, unter besonderer Berücksichtigung. Auch die Projektzielsetzungen bestehen aus einer Reihe von Teilzielen.

Eine Funktion der Ziele ist die Orientierungsfunktion. Diese Orientierung ist teils schon vor der Realisierungsphase eines Projekts gegeben. Denn durch Ziele werden schon die ersten richtungsweisenden Informationen, die in Formen von Projektzielen sichtbar sind, aufgezeigt. Diese Funktion ist besonders wichtig, da auf Orientierungslosigkeit schnell Demotivation folgt. Wer also nicht weiß, wo er hin will, läuft auch nicht los. Projektziele motivieren also Projektbeteiligte.

Des Weiteren bieten Ziele in einem Projekt eine Verbindungsfunktion. Meistens werden Projektteams aus verschiedenen Arbeitsbereichen zusammengesetzt um eine möglichst große Anzahl an Spezialisierungen abzudecken. Dieses Team hat dadurch meistens keine vorausgegangenen Gruppenprozesse erlebt und müssten nach Möglichkeit sofort mit der Realisierungsphase starten, ohne teambildende Maßnahmen. Diese sind aufgrund von Zeitmangel oftmals nicht durchführbar. Das kann schnell zum Scheitern eines Projekts führen, da das Team und die Zusammenarbeit in diesem, Grundvoraussetzung für ein erfolgreiches Projekt sind. Durch gemeinsam gesetzte Ziele kann, eine vorher nicht untereinander bekannte

Arbeitsgruppe, die Begeisterung für ihre Ziele teilen und dadurch das „Wir-Gefühl"
erzeugen und stärken.

Darüber hinaus bieten Zeile auch noch eine Koordinierungsfunktion. Hierbei werden
die Beziehungen des Projektteams zu anderen Organisationseinheiten bestimmt.
Durch eine konsequente Ausrichtung an den Projektzielen können so die
Schnittstellen besser erkannt und Überlagerungen beseitigt werden.

Die letzte Funktion von Zielen im Projektmanagement ist die Selektionsfunktion.
Ziele helfen dabei im Prozess der Planung wichtige Entscheidungen zu treffen. Ein
Zielsystem erleichtert die Arbeit, gute und schlechte Alternativen voneinander zu
trennen und sich am Ende für die guten Alternativen zu entscheiden.

Erst wenn diese fünf Funktionen von den Zielen erfüllt werden, können sich die
Ziele auch tatsächlich Projektziele nennen.

Um Klarheit bezüglich des Auftrags zu schaffen und um eine klare Struktur in der
Vorgehensweise zu ermöglichen, kann es an dieser Stelle sinnvoll sein, den
Unterschied zwischen Nutzen und Zweck zu definieren. Innerhalb des Projekts
definiert sich der Zweck laut dem Auftraggeber. Bei diesem Projekt definiert sich der
Zweck darin, 60 Student*innen für den kommenden Semesterstart im MA EBW an
der Universität Bremen immatrikuliert zu haben. Als Nutzen dient hierfür sowohl die
Attraktivität als auch die Bekanntheit des Master- Studiengangs zu erhöhen.

Die Zielfunktionen im Projektmanagement sind dabei nicht außer Acht zu lassen.
Denn diese bieten zum Teil besondere Möglichkeiten in einer Projektplanung. Zum
einen die Kontrollfunktion, die durch einige Einzelziele gegeben wird. Das bedeutet,
dass Ziele eine Art Messlatte sein können, an der die Gesamtheit des Projekts besser
einzuschätzen und der Fortschritt zu kontrollieren ist. Werden also gewisse Ziele
nicht erreicht ist der Erfolg des Projekts in Gefahr.

Entsprechend dieser Erläuterung werden dem Zweck und Nutzen des Projekts die
Ergebnisziele untergegliedert. Die Ergebnisziele beschäftigen sich mit der Frage:
"Was für Ergebnisse wollen wir erzielen, um das Angestrebte zu erreichen?". Die
Ergebnisziele formulieren sich daher nicht, als einen Arbeitsauftrag oder einen
Prozess, sondern bilden konkrete Ergebnisse ab, welche durch das Projekt geschaffen
werden (vgl.Gessler/ Uhlig-Schoenian 2015, S.30).

Innerhalb des Projekts sind die Ergebnisse, anhand welcher festzulegen ist, ob den
Anforderungen des Auftraggebers entsprochen wurde, folgende:

[14]

1. Gastvorträge sind organisiert

2. Internetpräsenz ist verbessert

3. das Lehrangebot ist erweitert

Die Gastvorträge sind an den Teil des Projektes gelehnt, welcher vor allem auf die Bekanntheit des Studiengangs abzielt. Das erweiterte Lehrangebot zielt auf die Erhöhung der Attraktivität ab. Mit der verbesserten Internetpräsenz sollen beide Ziele angesprochen werden. In der Theorie des Projekts ist der Nutzen sowohl eine Erhöhung von Attraktivität, als auch der Bekanntheit des Studiengangs durch die organisierten Gastvorträge, der verbesserten Internetpräsenz und des erweiterten Lehrangebots zu erreichen.

Im folgenden Schritt werden die Prüfkriterien berücksichtigt, bzw. Indikatoren festgehalten, welche erkennen lassen, ob das jeweilige Ergebnisziel erreicht wurde.

Gesamtziel (Ziel des Auftraggebers)	
60 Student*innen sind für den kommenden Semesterstart im Master- Studiengangs "Erziehungs- und Bildungswissenschaften" an der Universität Bremen immatrikuliert	
Ergebnisziele	Indikatoren (Prüfkriterien)
Gastvorträge sind organisiert	Verträge mit Gastdozenten sind abgeschlossen
Internetpräsenz ist verbessert	Erreichbarkeit der Homepage ist verbessert/ mehr Aufrufe
	Homepage ist übersichtlicher & ansprechender
das Lehrangebot ist erweitert	Kooperation mit anderen Universitäten sind vereinbart
Voraussetzungen:	
Budget ist geklärt, Zeitlicher Rahmen ist festgelegt, Teammitglieder stehen fest, Erlaubnis seitens der Universität Bremen liegt vor	
Rahmenbedingungen:	
Räumlichkeiten und Mittel zur Recherche stehen zur Verfügung, ebenso wie Internetanschluss und Kommunikationsmittel	
Zum Projekt gehört nicht:	
Inhaltliche Planung der Gastvorträge	

Detaillierter wurde sich innerhalb der Gruppe mit weiteren Indikatoren beschäftigt, welche kleinschrittiger eine Überprüfung der Ergebnisziele ermöglicht.

Grober Indikator	Prüfkriterium
Verträge mit Gastdozenten sind abgeschlossen	15 Vorträge an 3 verschiedenen Universitäten
Erreichbarkeit der Homepage ist verbessert/ mehr Aufrufe	Erhöhte Klick-zahl kann festgehalten werden
Homepage ist übersichtlicher & ansprechender	(5000 Klicks in 2 Monaten) Umfrageergebnis liegt vor (n=50)
Kooperation mit anderen Universitäten sind vereinbart	StudIp bietet 10 weitere Veranstaltungen an

Da bei diesem fiktiven Projekt keine Termine seitens des Auftraggebers genannt wurden, ist es an nicht möglich die Indikatoren oder Ergebnisziele zu terminieren. Die bisherige Veranschaulichung vereinfacht es, für die nächsten Schritte, diese oder andere (Zwischen-)Ziele als Meilensteine im Phasenplan zu berücksichtigten.

6. Phasenplan

Die Aufgabe der Phasenplanung ist es, „[...] einen ersten zeitlichen Überblick über das Projekt zu gewinnen." (Gessler/Uhlig-Schoenian 2013, S. 33).
Die Darstellung wurde zunächst mit dem gesamten Team auf einem Flipchart skizziert und anschließend mit dem Programm Agantty.com digitalisiert. Aus diesem geht hervor, wie die Arbeitspakte gestaffelt sind und zu welchen Zeitpunkten ein jeweiliges Arbeitspaket fertiggestellt sein muss. Ein solcher Zeitpunkt ist mit sogenannten Meilensteinen markiert. In der Grafik sind sie als Kreise hinter den Balken eines Arbeitspaketes dargestellt. An diesem Punkt ist für die jeweilige Phase zu entscheiden, ob alle Prozesse erfolgreich abgeschlossen sind und alle Aufgaben erledigt wurden. Ebenfalls stellt sich heraus, ob es Abweichungen vom erwarteten

Ergebnis gibt und die Phase tatsächlich als abgeschlossen bezeichnet werden kann. Das von uns erstellte Modell ist als paralleles Phasenmodell einzuordnen, da einige der Phasen sich zeitlich überschneiden oder parallel ablaufen. Dies erscheint sinnvoll, da verschiedene Arbeitsgruppen an den jeweiligen Aufgaben arbeiten und so zeiteffizient Ergebnisse erzielt werden können.

Gegliedert wird das Projekt in fünf Phasen. Jedes Projekt beginnt mit einer Initiierungsphase. Diese ist auf dem Projektstrukturplan nicht aufgeführt. Sichtbar sind die Planungs-, Realisierungs- und die Abschlussphase. Die Phase Projektmanagement begleitet hierbei den gesamten Prozess und koordiniert organisatorische Abläufe innerhalb des Projektes.

Während der Visualisierung des Phasenplans wurden die Abhängigkeiten innerhalb der Arbeitspakete nochmals deutlich. Sie sind in der Grafik als Linien zwischen den Arbeitseinheiten gekennzeichnet. Ebenfalls wurden einige Zeiteinschätzungen bezüglich der Teilaufgaben überarbeitet.

Um die Zusammengehörigkeit der Arbeitspakete auf den ersten Blick erschließen zu können, sind die Arbeitspakete und ihre Teilaufgaben farblich gekennzeichnet, was ebenfalls der Zwecksetzung eines Projektstrukturplanes entspricht (vgl. Gessler/Uhlig-Schoenian 2013).

7. Projektstrukturplan

Der Projektstrukturplan (im Folgenden mit PSP abgekürzt) dient der vollständigen Darstellung aller Elemente eines Projekts, sowie der Beziehung in der sie zueinanderstehen. Es bezeichnet die sogenannte Projektstruktur. Der PSP zergliedert die verschiedenen Gesichtspunkte in weitere Arbeitspakete, um eine verbesserte Möglichkeit der Abarbeitung zu gewährleisten.

Arbeitsvorgänge werden hierdurch überschaubarer und die Wahrscheinlichkeit, dass für das Gesamtergebnis wichtige Prozesse übersehen werden, wird minimiert. Der PSP sollte nach Möglichkeit von dem Projektteam erarbeitet werden, um zu gewährleisten, dass alle Teammitglieder über das gleiche Verständnis der jeweiligen Arbeitspakete des Gesamtprojekts verfügen. Er fungiert also als zentrales Ordnungsinstrument im Projekt.

Zu den wichtigsten Absichten des PSP gehören vor allem die Darstellung des Projektgegenstands in seiner Gesamtheit sowie die damit eng verbundene Enthüllung von Unklarheiten in der Zieldefinition.

Ein optimal erarbeiteter PSP gibt die Möglichkeit der Bestimmung aller kontrollierbaren Arbeitseinheiten, wie ebenfalls das Ordnen aller Arbeitspakete nach Zugehörigkeit und Arbeitsbereich. Der PSP ermöglicht bspw. eine genaue Zuteilung von Arbeitsprozessen an die Unterauftragnehmer und erleichtert somit die Verständigung im späteren Änderungsmanagement. Von hoher Bedeutung für den Auftraggeber ist hierbei die gewonnene Transparenz von Arbeitsschritten. Mit Hilfe des PSP ist es dem Auftraggeber möglich zu erkennen, welche Arbeitsschritte berücksichtigt oder vergessen wurden, oder welche Arbeitspakete von einer externen Kraft übernommen wurden. Die Anordnung und Grafik eines PSP sorgt bei manchen Auftraggebern für ein Gefühl der Sicherheit.

7.1 Beschreibungen der Arbeitspakte nach dem PSP

Das Projekt „Überregionale Anwerbung von Masterstudent*innen für den Studiengang Erziehungs- und Bildungswissenschaften an der Universität Bremen" teilt sich in der Realisierungsphase in drei Hauptarbeitspakete.

Diese wurden jeweils in drei bis vier unterschiedliche Arbeitspakete (im Folgenden mit AP abgekürzt) eingeteilt (siehe PSP).

Das erste Hauptarbeitspaket (2.1.0) beinhaltet die Organisation der geplanten Gastvorträge. Das zweite Hauptarbeitspaket (2.2.0) befasst sich mit dem Verbessern der Internetpräsenz der Universität Bremen und das dritte Hauptarbeitspaket (2.3.0) beinhaltet die Aufgabe, das Lehrangebot der Universität Bremen zu erweitern.

7.1.1 Beschreibung des AP → 2.1.4 Öffentlichkeitsarbeit

Das AP 2.1.4 befasst sich mit der gesamten Organisation der Öffentlichkeitsarbeit (im Folgenden mit ÖA abgekürzt) bezüglich des Organisierens der Gastvorträge von Dozent*innen und Professor*innen der Universität Bremen an anderen Hochschulen und Universitäten. Es beinhaltet zum einen die ÖA in den sozialen Netzwerken aber bspw. auch das Anfertigen von Flyern und Plakaten, welche in den ausgewählten Fakultäten präsentiert werden und der regen Teilnahme dienen sollen.

Das Veröffentlichen der geplanten Veranstaltungen über soziale Netzwerke, wie z.B. Facebook liegt in der Verantwortlichkeit des Projektteams. Dieses ist technisch so versiert, dass diese Aufgabe problemlos und schnell erledigt werden kann. Des Weiteren wird sich das Projektteam dem studienspezifischen Informationsmaterial der Universität Bremen annehmen, welches bei den Gastvorträgen als kleines Werbehandout dienen soll.

Die Flyer für die Bewerbung der einzelnen Gastvorträge werden in Absprache durch einen externen Grafiker übernommen. Diese Entscheidung des Outsourcings fiel aufgrund mangelnder zeitlicher Ressourcen innerhalb des Projektteams sowie einer unzureichenden Medienkompetenz im Hinblick auf die professionelle Printmedien-Gestaltung. Dieser externe Grafiker wird, basierend auf einem rechtsgültigen Projektvertrag, mit dem Layout und dem Druck der Flyer beauftragt. Unmittelbar nach Fertigstellung der Flyer für eine geplante Veranstaltung, werden nach Möglichkeit freiwillige Student*innen der jeweiligen Gastgeber-Universität akquiriert um sich an der Verteilung der Flyer zu beteiligen.

[21]

7.1.2 Beschreibung des AP → 2.2.2 Externe Aufträge

Das zweite Hauptarbeitspaket umfasst die verbesserte Internetpräsenz (2.2.0) mit Hauptaugenmerk auf den Internetauftritt des Studiengangs EBW`s der Universität Bremen. Das hier beschriebene AP beinhaltet alle externen Aufträge die für dieses Hauptarbeitspaket von Relevanz sind.

Hierbei erscheint es als sinnvoll, alle extern zu vergebenden Aufträgen und die Kontaktaufnahme der jeweiligen Institutionen in einem AP zusammenzufassen, um eine Schnittstelle zwischen externen und internen Projektbeteiligten zu erhalten. Das AP 2.2.2 Externe Aufträge sieht zum einen den Kontakt mit dem spezifischen Fachbereich Informatik der Universität Bremen vor, um sich über die verschiedenen Lösungsmöglichkeiten zum Installieren empirischer Werkzeuge (tracker) auf der Homepage beraten zu lassen. Sollte das Beauftragen von Student*innen dieses Fachbereichs eine realistische Eventualität darstellen, fällt das Kontaktieren und Beauftragen einer externen IT Firma innerhalb dieses AP`s weg.

Sollte dies nicht realisierbar sein, wird eine professionelle IT Firma, nach Absprache und Vereinbarung aller relevanter Aspekte wie Kosten, Aufwand und Zeit mittels eines externen Projektvertrags beauftragt. In diesem Fall wird das AP 2.2.2 um die Aufgabe des Aufsetzens eines rechtsgültigen Arbeitsvertrags sowie dessen Kontrolle nach Vertragsabschluss erweitert.

7.1.3 Beschreibung des AP → 2.3.3 Prüfungsregularien

Im dritten Hauptarbeitspaket (2.3.0) wird das Lehrangebot der Universität Bremen durch Lehrveranstaltungen der Universitäten Oldenburg und Osnabrück erweitert. Dies meint, dass das Besuchen der Seminare an den genannten Universitäten ebenso für Bremer Student*innen möglich ist, wie auch andersherum. Aufgrund dessen erweitert sich das Angebot aller Studierenden und spart Zeit bei der Möglichkeit einer verbesserten Planung für pendelnde Student*innen. Nach dem Prinzip des Wunsch- und Wahlrechts ist es den Studierenden möglich, sich je nach Wohnort oder Interessengebieten den Studienort für ein bestimmtes Modul auszuwählen. Die Attraktivität der Universität Bremen soll hierdusch vor allem für auswärtige

[22]

Student*innen gesteigert werden. Eine unabdingbare Voraussetzung für die Umsetzung o.g. Modulöffnungen ist eine vereinfachte Regelung zur Anerkennung von Prüfungsleistungen. Hierfür finden Gespräche mit den jeweiligen Fachbereichsleitungen statt. Bei erfolgreicher Gleichschaltung der Prüfungsleistungen werden im Anschluss die betroffenen Prüfungsämter involviert. Bedeutend hierbei ist, dass betreffende Dozent*innen Zugang zu Lehrveranstaltungsportalen / Prüfungsportalen bekommen, um ihre Veranstaltung für alle Studierenden zugängig zu machen und eigenständig bspw. Noten in das System eintragen können.

8. Ablauf- und Terminplan

Der Projektablaufplan (im Folgenden PAP genannt) baut auf dem PSP sowie der Phasenplanung auf und ermöglicht eine wertvolle und detaillierte Unterstützung in einer frühen Phase des Projekts. Der PAP sieht vor festzulegen, welche Aktivitäten, Aufgaben etc. zu welchem Zeitpunkt beginnen und wann diese enden. Ebenfalls auch, ob sie in Abhängigkeit zueinanderstehen, aufeinander aufbauen und/oder separat voneinander bearbeitet werden können. Somit können ebenfalls kritische Schnittstellen zwischen den Arbeitspaketen und den Vorgängen sichtbar gemacht werden.

Nach Absprachen zu Ressourcen und möglicher Vorgangsdauer werden für einzelne Aufgaben verbindliche Termine festgelegt. Nach Beendigung dieser Aufgabe werden vorhandene Zeitreserven sichtbar und jeder erhält einen ersten Terminplan, welcher eine verbindliche PLAN/SOLL-Vorgabe für alle Projektbeteiligten darstellt. Dieser Terminplan regelt die Reihenfolge der zu bearbeitenden Arbeitspakete, macht die Schnittstellen zwischen Teilprojekten bzw. Teilaufgaben und Arbeitspaketen sichtbar und ermöglicht eine Darstellung der genauen zeitlichen Abfolgen sowie der Durchführungszeitpunkte.

9. Risikomanagement und Portfolio

In dem folgenden Portfolio sind möglichen Risiken, ihre Eitrittwahrscheinlichkeiten sowie Auswirkungen aufgeführt. Hierbei wir deutlich, dass einige der Risiken das gesamte Projekt zum Erliegen bringen könnten, wenn keine präventiven Maßnahmen ergriffen werden.

In dem Portfolio sind die Risiken ihrer Eintrittswahrscheinlichkeit nach hierarchisiert aufgeführt, wodurch deutlich wird, auf welche Risiken besonders geachtet werden muss.

Risiko	Eintrittswahrscheinlichkeit	Auswirkungen
1. andere Uni hat kein Interesse an Kooperation	niedrig	Hoch
2. Kosten werden nicht übernommen	niedrig	Hoch
3.Öffentlichkeitsarbeit hat keinen Erfolg	niedrig	Niedrig
4. Dozentin wollen keine Gastvorträge halten	niedrig	Mittel
5. Prüfungsamt will Leistungen von anderen Unis nicht anerkennen	niedrig	Hoch
6. Bürokratische Hürden unüberwindbar	mittel	Hoch
7. Konflikte im Projektteam	mittel	Hoch

Die Kooperation zweier Universitäten wäre unmöglich, sobald bspw. die bürokratischen Hürden nicht zu überwinden sind woraus resultiert, dass Termine nicht eingehalten werden können, welche für die Bewerbungsfristen der Student*innen von hoher Bedeutung sind.

Wie bereits in Punkt 4.2 aufgeführt, gibt es hinsichtlich dieses Projekts viele hochinteressierte Stakeholder, die großen Einfluss auf bürokratische und organisatorische Abläufe haben und die Prozesse beschleunigen können.

So wäre es sinnvoll, die Leitung des Fachbereiches 12 zu beauftragen, sich in Verbindung mit Fachbereichsleitungen der Partneruniversitäten zu setzten, um

Ressourcen der anderen Universität aktivieren zu können und eine positive
Beeinflussung hinsichtlich des Vorhabens zu schaffen.

Es ist nicht möglich alle Risiken auszuschließen und für jedes einzelne eine
geeignete Präventionsmaßnahme zu finden um Schäden zu vermeiden (vgl.
Hemmrich/Harrant 2016). Dennoch ist es sinnvoll, für vorhersehbare Risiken
Interventionsmöglichkeiten zu erarbeiten.

9.1 Risikomaßnahmen

Um den möglichen Risiken vorzubeugen werden in der folgenden Tabelle präventive
Maßnahmen zu den jeweiligen Risiken aufgeführt. Sollten diese nicht ausreichen,
müssen jedoch auch korrektive Maßnahmen zu Verfügung stehen, sodass das Projekt
nicht scheitert. Hier sind die wichtigsten Maßnahmen unter Punkt 6. und 7.
aufgeführt. So kann das Risiko der bürokratischen Hürden nur schwer abgeschätzt
werden, solange sich die Arbeitsgruppe nicht intensiv mit dem Thema
auseinandergesetzt hat, wodurch ein Restrisiko bleibt und das Projekt an diesem
Punkt tatsächlich beendet werden müsste. Wichtig ist hier, der Projektgruppe
besonders große Aufmerksamkeit zu schenken, um möglichst früh einschreiten zu
können. Weiterhin ist es für das gesamte Projekt von hoher Bedeutung, dass das
Team funktioniert. Persönliche Konflikte zwischen den agierenden Personen sowie
Missgunst und Überarbeitung kommen unter Zeitdruck schneller zustande. Deshalb
ist es wichtig, die Aufgaben und Abgabetermine klar zu kommunizieren, und den
Verlauf der Arbeiten zwar nicht zu überwachen aber dennoch nicht aus dem Auge zu
verlieren. Für den Projektmanager ist auch hier ein offener und transparenter
Umgang mit den Mitarbeitenden von großer Wichtigkeit.

Risiko	Präventive Maßnahme	Korrektive Maßnahme
1. andere Uni hat kein Interesse an Kooperation	Kontakte zu Leitung der Partneruniversität pflegen und Interesse wecken/Vorteile aufzeigen	Die Stadt und die Uni Bremen zum Teilen der finanziellen Zuwendungen für neue Studenten mit der Partneruni veranlassen
2. Kosten werden nicht	Zeitige Klärung der	Anträge auf

übernommen	möglichen Hindernisse	Bezuschussung bei Land und Bund stellen
3.Öffentlichkeitsarbeit hat keinen Erfolg	Gute Internetpräsenz sicherstellen, Vergleich zu anderen Unis ziehen	Überarbeitung der Website, neue Plattformen nutzen (Instagram, Facebook...)
4. Dozentin wollen keine Gastvorträge halten	Transparente Planung über den Fachbereich mit zunächst freiwilliger Beteiligung um Motivation zu fördern	Intervention durch den Direktor der Uni, der als Vorgesetzter mehr Einfluss auf Angestellte hat
5. Prüfungsamt will Leistungen von anderen Unis nicht anerkennen	An Recht auf freies Lernen appellieren	Evtl. rechtliche Schritte einleiten
6. Bürokratische Hürden unüberwindbar	Genauer Plan zur Einhaltung der jeweiligen Termine	Rücksprache mit Auftraggeber, evtl. Stornierung
7. Konflikte im Projektteam	Aufgaben klar und fair verteilen, transparent arbeiten, guten Arbeitsklima schaffen	Projektmanager Aufgaben neu zuordnen lassen, sich streitende Teams trennen

10. Fazit

Zur Verfassung der vorliegenden Reflexion, auch Fazit des Projekts „Überregionale Anwerbung von Masterstudent*innen für den Studiengang Erziehungs- und Bildungswissenschaften an der Universität Bremen" genannt, werden die fünf Leitfragen des Readers (Projektmanagement macht Schule) als Orientierung genutzt. Zu Beginn kann gesagt werden, dass das viertägige Lehrseminar Projektmanagement Ende Oktober 2018 als sehr vielfältig und interessant wahrgenommen wurde und die unterschiedlichen Erarbeitungsphasen sehr handlungsorientiert und abwechslungsreich gestaltet waren. Es war möglich, einen guten, aber leider nur oberflächlichen Einblick in die Arbeit zur Erstellung eines Projekts zu erhalten. Die vorliegende Ausarbeitung hat dies in Eigenverantwortlichkeit, u.a. in Gemeinschaftsarbeit des Projektteams vertieft. Aufgrund der ausschließlich theoretischen Erstellung des Projekts erfolgt keine reale Durchführung des Projekts sowie einzelner Projektschritte/-phasen.

Zum Projektthema ist zu sagen, dass bei einer freien Themenwahl womöglich ein inhaltlicher Schwerpunkt im Bereich der Sozialen Arbeit gewählt worden wäre. Dennoch konnten hier durch das Projektteam umfangreiche und exklusive Ideen zum Projektthema erarbeitet werden, welche nach präzisierter Ausarbeitung umgesetzt werden könnten. Demnach ist das Projekt auf ganzer Linie als positiv und erfolgreich zu bewerten.

Die erwähnten Leitfragen dienen der folgenden Reflexion des Projekts und werden kurz dargestellt:

I. Was hat gut geklappt?
Innerhalb der Projekttage hat das Team konstant gut zusammengearbeitet und sich optimal ergänzt. Jedes Teammitglied hat seine Fähigkeiten mit eingebracht und damit den Gruppenprozess produktiv unterstützt. Die Atmosphäre kann als andauernd gut beschrieben werden und hat damit eine wichtige Voraussetzung zur effektiven Projektplanung dargestellt. Innerhalb dieser konnte zunehmende Kreativität sowie ein breites Spektrum an individuellen Ideen verzeichnet werden, was als Grundlage einer erfolgreichen Projektidee-/Ausarbeitung zu sehen ist.
Innerhalb der schriftlichen Ausarbeitung war das persönliche Zeitmanagement bezogen auf das Erarbeiten einzelner Arbeitsschritte gut geplant und vorbereitet,

sodass der zeitlich einkalkulierte Puffer zur Vorsichtsmaßnahme für eventuelle und unvorhersehbare Komplikationen bezüglich des Abgabetermins nicht genutzt werden musste.

II. Worauf sind Sie besonders stolz?

Innerhalb des Seminars, welches zu Beginn des Semesters stattgefunden hat, war es mir möglich, Inhalte aufzunehmen, den Dozenten zu folgen und den Gruppenprozess durch erlernte Inhalte und Fachwissen außerhalb des Projektmanagements zu bereichern. Nach einer achtjährigen Studienpause ist es mir zu Beginn des Semesters schwergefallen, das Lernen erneut zu lernen, mich zunehmend zu konzentrieren, Fachwissen unmittelbar aufzunehmen, es unmittelbar abzurufen und anzuwenden sowie Inhalte nach persönlicher Relevanz zu selektieren. Diese Vorgänge konnten u.a. mit Hilfe des viertägigen Seminars aufgefrischt werden, was für die vertiefende Ausarbeitung dieser vorliegenden Arbeit von enormer Bedeutung war.

Wie in Punkt 2 bereits beschrieben, bin ich mit meiner persönlichen Leistung als Teamerin und Macherin sehr zufrieden. Einen nicht unerheblichen Teil haben hier meine beruflich leitenden Positionen vor Beginn des Studiums beigetragen, welche als verfügbare Ressourcen mit in die Arbeit einfließen konnten und sich als nützlich erwiesen. Vereinzelt begründete Handlungen meinerseits, sowie eine persönliche Reflexion sind ebenfalls unter Punkt 2 dieser Ausarbeitung nachzulesen.

Das Projekt, das Team sowie die gemeinsame Arbeit betreffend ist zu sagen, dass innerhalb der Praxistage eine produktive Arbeit stattgefunden hat, welche trotz fehlender Kennenlernphase gute Ergebnisse erzielt hat.

III. Welcher Fehler war ungewöhnlich? Was haben Sie daraus gelernt?

Das ausschließlich in der Theorie existente Projekt kann demnach keinerlei Fehler in der praktischen Umsetzung aufweisen.

Die Fehlerquote bezieht sich aufgrund dessen auf die im Team erarbeiteten Inhalte sowie die im Nachhinein teils gemeinsam gestaltete Ausarbeitung. Wobei anzumerken ist, dass sich ausschließlich Fehler in minimalem Umfang ereignet haben, welche das Projekt nicht hätten gefährden können. Ein Beispiel hierfür ist, eine falsch notierte Zeitangabe einer Gruppenteilnehmerin, welche beim Abgleich der aktuellen Daten zum Vorschein gekommen ist. Bezüglich der Projektinhalte kann kritisiert werden, dass meines Erachtens nach, festgelegten Zeiträumen zur

Erarbeitung und Vollendung unterschiedlicher Arbeitspakete und Projektschritte nicht ausreichend durchdacht und geplant worden sind und vermutlich in der praktischen Durchführung des Projekts scheitern lassen könnten. Bezüglich der schriftlichen Ausarbeitung und des damit zusammenhängenden Gruppenaustauschs sollte erwähnt werden, dass ein Abfall an Interesse und Motivation vereinzelter Gruppenmitglieder beobachtet werden konnte, was eine passive Haltung dieser zur Folge hatte und durch andere Gruppenmitglieder aufgefangen werden musste. Dies war nur durch die Übernahme eines aktiveren Parts möglich, um keine persönlichen Nachteile durch das Verschulden anderer zu erfahren. Dies wird nicht als Fehler im eigentlichen Sinne interpretiert und kommuniziert, wird aber als Erfahrung zur persönlichen Verbesserung von Gruppenarbeiten gesehen.

IV. Was würden Sie beim nächsten Mal anders machen?
Es kann keine grundlegende Kritik an der Veranstaltung Projektmanagement oder der praktischen Erarbeitung des Projekts benannt werden. Unter Punkt III wurde bereits kurz Bezug auf den Mangel an Motivation einzelner Teammitglieder genommen. Um dem vorzubeugen und auch im Nachhinein ein gutes Ergebnis zu erreichen, bedarf es innerhalb einer zukünftigen Projektarbeit mehr Transparenz und klarerer Absprachen untereinander.

V. Was möchten Sie als Nächstes lernen? Formulieren Sie eine Frage, deren Antwort Sie noch nicht kennen.
Ich habe ein zunehmendes Interesse daran, ein reales Projekt mit einem erfahrenen Projektteam zu planen und dieses durchzuführen. Ich arbeite gerne mit motivierten, aktiven Menschen zusammen in einem Team und erschaffe und gestalte Neues.
Ich würde gerne Erfahrungen im Bereich des Projektmanagements sammeln und von dem Wissen erfahrener Projektmanager profitieren. Hier würde ich ein Projekt im Sozialen Sektor wählen, welches inhaltlich meinem Interessengebiet entspricht, was als Grundvoraussetzung für ein erfolgreiches Projektergebnis steht.
Frage: Welche Voraussetzungen gelten als grundlegend und können innerhalb des MA-Studiums EBW erworben werden, um als Teil eines Projektteams an der Universität Bremen fungieren zu können?

11. Quellenverzeichnis

Gessler, M., Uhlig-Schoenian, J. (2013): Projektmanagement macht Schule. Selbstorganisiertes Lernen und Abreiten mit Plan. Ein handlungsorientierter Leitfaden für den Unterricht in der Sekundarstufe II. GPM Deutsche Gesellschaft für Projektmanagement e.V., Nürnberg

Hemmrich, A., Harrant, H. (2016): Projektmanagement. In 7 Schritten zum Erfolg. Carl Hanser Verlag, München

Janisch, M. (1993): Das strategische Anspruchsgruppenmanagement: vom Shareholder Value zum Stakeholder Value. Haupt Verlag, Bern ; Stuttgart [u.a.]

Skrzipek, M. (2005): Shareholder Value versus Stakeholder Value. Ein Vergleich des US-amerikanischen Raums mit Österreich. Deutscher Universitätsverlag/ GWV Fachverlage GmbH, Wiesbaden

Tiemeyer. E. (2005). IT-Controlling kompakt. Springer Spektrum

BEI GRIN MACHT SICH IHR
WISSEN BEZAHLT

- Wir veröffentlichen Ihre Hausarbeit,
  Bachelor- und Masterarbeit

- Ihr eigenes eBook und Buch -
  weltweit in allen wichtigen Shops

- Verdienen Sie an jedem Verkauf

Jetzt bei www.GRIN.com hochladen
und kostenlos publizieren